Coins détente

idées à copier

Jardin
Mode d'emploi

D. Waechter

Coins détente

idées à copier

VIGOT

Sommaire

Des coins détente pour toutes les situations

En concevant, aménageant et soignant votre jardin, vous apportez une touche personnelle à votre environnement tout entier. Les petits coins retirés au milieu de fleurs odorantes sont un havre de paix pour lire, les pergolas offrent un cadre idéal pour de superbes fêtes estivales, et les jardins aquatiques effacent, en quelques minutes, les tracas de la vie quotidienne. Pour que l'on puisse en profiter pleinement, un jardin devrait donc toujours disposer d'un petit coin où s'asseoir.

Facile d'accès, un coin détente aménagé juste à côté de la maison sera souvent utilisé en été.

Le choix de l'emplacement

Un coin détente doit être planifié avec soin, car la moindre erreur peut venir gâcher tout le plaisir. Commencez par vous poser les questions suivantes : quand vais-je utiliser mon coin détente ? Quel usage vais-je en faire ? La réponse vous aidera à trouver l'endroit idéal pour installer un petit coin confortable. Si vous pensez en profiter essentiellement le matin et le soir, n'oubliez pas que le soleil doit pouvoir le baigner à ces heures. Une orientation est ou ouest est optimale, à condition qu'aucun gros arbre ou bâtiment adjacent ne plonge l'endroit dans l'ombre. Si vous souhaitez en revanche vous y installer autour de midi, vous devrez soit opter pour un emplacement ombragé, soit prévoir un autre moyen de faire de l'ombre. N'oubliez pas que si l'exposition détermine l'usage, elle influe aussi sur le choix des plantes.

Une autre question se pose ensuite : où aménager son coin détente dans l'espace clos du jardin ? L'endroit le plus rapidement accessible est la terrasse, traditionnellement dans le prolongement de la maison. Ce choix a fait ses preuves, puisqu'il est avant tout

Ce banc en bois à la limite du jardin invite à une petite pause. Grâce au mur, il conserve une agréable chaleur en soirée. D'ici, le regard peut vagabonder sur les parterres et les massifs. La frénésie et les tracas quotidiens y sont vite oubliés.

pratique. De plus, les murs de la maison offrent une protection agréable, et influent de façon bénéfique sur le « microclimat » environnant.

Le cœur du jardin est en revanche idéal pour se laisser envahir par la beauté des plantes. Un coin détente installé au milieu des roses et des vivaces procure paix et isolement. Mais il est aussi possible de trouver ce calme à la limite du jardin, avec un bon écran pour s'isoler des regards. Paravents de bois, haies et arbustes vous protégeront du bruit et des regards indiscrets. L'avantage de cette solution réside principalement dans la découverte des nombreux angles nouveaux qu'offre le jardin. Pour en profiter pleinement, il sera nécessaire d'aménager un petit sentier.

La superficie

La superficie dépend de l'utilisation que vous voulez faire de votre coin détente. Si vous cherchez un refuge romantique pour rêver, nul n'est besoin de beaucoup de place. Il suffit de pouvoir y installer une chaise confortable, un banc ou une chaise longue. Deux ou trois mètres carrés feront alors l'affaire. Si vous avez l'intention de mettre une table et des chaises, il faut compter au moins onze mètres carrés. En cas d'espace restreint, optez de préférence pour une table ronde. Elle permet d'optimiser la surface et peut accueillir au moins six personnes, pourvu qu'elles se serrent un peu. Pensez aussi à choisir un parasol peu encombrant, c'est-à-dire dont le pied peut être enfilé dans un trou pratiqué au centre de la table.

Ambiance méridionale

En été, le jardin peut aisément créer une atmosphère de vacances : il suffit pour cela de jouer avec quelques éléments d'aménagement typiques. Une structure en bois tendue d'un vélum blanc pour ombrager agréablement une terrasse au sud, par exemple ; de confortables meubles en rotin entourés de grosses potiches et de plantes typiquement méditerranéennes pour évoquer un farniente tout méridional ; un sol de graviers qui crisse sous les pas et rappelle le sable de la plage... La plantation est aérée. Les vivaces sont installées en solitaires pour donner une impression de naturel et permettre à d'éventuelles jeunes pousses de nous surprendre un jour. La sauge officinale, la coquelourde des jardins, l'onagre et le lilas d'Espagne représentent bien la flore méditerranéenne. Le thym serpolet fournit une charmante transition vers le gravier, surtout lorsque ses coussinets se parent de fleurs roses en été.

1. **Troène de Californie** ***(Ligustrum ovalifolium)* : x 24**
2. **Volubilis** ***(Ipomoea purpurea)* : x 5**
3. **Laurier sauce** ***(Laurus nobilis)* : x 2**

Ce dont vous avez besoin

4 Solanum (Lycianthes = *Solanum rantonnettii*) : x 1

5 Lavande (*Lavandula angustifolia*) : x 9

6 Serpolet (*Thymus serpyllum*) : x 24

7 Sauge officinale (*Salvia officinalis*), 'Berggarten' : x 4

8 Cataire (*Nepeta × faassenii*) : x 6

9 Orpin reprise (*Sedum telephium*) 'Autumn Joy' : x 6

10 Coquelourde des jardins (*Lychnis coronaria*) : x 5

11 Onagre tétragone (*Oenothera tetragona*) : x 5

12 Lilas d'Espagne (*Centrantus ruber*) : x 3

Comment planter ?

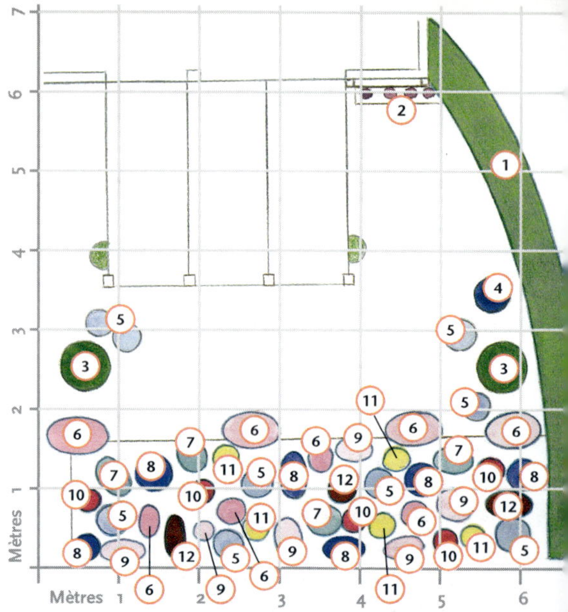

Plan d'aménagement pour les pages 8-9

Ce petit coin peut être en grande partie aménagé dès l'automne. On peut déjà ancrer les poteaux de la pergola dans le sol, installer les treillages et planter la haie de **troènes**. Commencez pour cela par creuser une tranchée selon le plan d'aménagement, puis plantez les arbustes à intervalles réguliers. Compte tenu du revêtement en gravier hydraulique, il est important de prévoir une infrastructure qui permette l'évacuation de l'eau. Une faible déclivité de 2 à 3 % permet à l'eau de pluie de s'écouler sans problème vers les plantations. Faites réaliser la toile de la pergola dans un tissu imprégné pendant l'hiver. L'imperméabilisation est essentielle pour empêcher la formation d'algues en cas d'humidité persistante.

Un mélange de plantes multicolores

Pour le parterre, disposez les plantes vivaces sur le sol avant de les planter. L'espace laissé libre entre les différentes espèces souligne le caractère méridional du lieu. En guise de mulch, vous pouvez étaler une fine couche de gravier. N'installez les plantes en pots qu'après les saints de glace, et utilisez un terreau spécial pour jardinières afin de ne pas avoir à rempoter les espèces exotiques tous les ans. Les volubilis (voir proposition page 34) sont particulièrement recommandés.

ASTUCE

Une fois toutes les plantes installées, creusez quelques trous profonds à la limite du parterre et installez-y des coquelourdes ou des campanules.
Cela rompt avec élégance la ligne de démarcation entre le parterre et le gravier qui pénètre ainsi un peu au milieu des plantes.

Comment soigner vos plantes ?

La première année

La haie de **troènes** doit être arrosée régulièrement. Au printemps, taillez la pointe des rameaux pour favoriser la ramification.

Toutes les vivaces sont faciles à entretenir. Laissez en place les inflorescences de **lilas d'Espagne** et de **coquelourde** jusqu'à la semaison. Ainsi de nouvelles plantules viendront combler les espaces les années suivantes. Rabattez la **sauge officinale** et la **cataire** après la floraison pour favoriser la repousse. Supprimez les fleurs de **lavande** fanées. Enfin, rabattez de préférence les vivaces au début du printemps plutôt qu'à l'automne.

Des pas japonais traversent le gravier. Ils structurent l'espace et le relient au reste du jardin.

Après la plantation

En automne, placez le **laurier** et le **solanum** dans leurs quartiers d'hiver, à l'abri du gel, et ne les sortez pas avant avril. Rabattez alors vigoureusement le **solanum** pour favoriser les nouvelles pousses et lui permettre de former une couronne vitale. En pinçant régulièrement les pointes, vous obtiendrez une plante bien touffue. Taillez la haie de **troènes** deux fois par an (en avril et en août). Si la **lavande** vieillit, rabattez-la vigoureusement juste après la floraison et arrosez-la bien. Vous pouvez rajeunir les plants âgés de **sauge** de la même manière. L'**orpin reprise** doit être divisé tous les quatre à cinq ans. Dans l'ensemble, ces plantes ne requièrent qu'un apport modéré d'engrais. Au moment où vous ratisserez le gravier entre les plantes au printemps, il suffira, après les avoir rabattues, d'épandre du compost bien décomposé à leur pied, et de répartir une nouvelle couche de gravier par-dessus.

Jardin au clair de lune

Ce coin détente transformera vos douces nuits d'étés en véritables songes...
Installé en contrebas du reste du jardin, il est isolé du vent par le muret qui assure une agréable tiédeur, même en fin de soirée, créant ainsi une sorte de microclimat.
Le choix des plantes s'inspire du Jardin blanc de Sissinghurst Castle, en Grande-Bretagne. La romancière Vita Sackville-West a choisi pour ce célèbre jardin des espèces à fleurs blanches et feuillage argenté qui brillent au clair de lune.
Dans l'aménagement suivant, nous avons sélectionné des fleurs à floraison estivale comme les roses, les phlox, les tanaisies et les cataleptiques, et des plantes à feuillage décoratif comme la lavande et les épiaires.
Les vivaces plantées un peu plus haut forment un écrin protecteur tout autour de la dalle en béton, facile d'entretien, où ont été installées la table et les chaises. Un rosier grimpant dans un treillage en forme d'obélisque souligne la symétrie de la plantation.

Ce dont vous avez besoin

1. **Rosier grimpant (hybride de *Rosa*), 'New Dawn' par ex. : x 2**
2. **Clématite (hybrides de *Clematis viticella*) à fleurs blanches : x 2**
3. **Lavande *(Lavendula angustifolia)* à fleurs blanches : x 4**

10 **Tanaisie**
***(Tanacetum parthenium)* : x 15**

11 **Lilas d'Espagne**
***(Centranthus ruber)* : x 2**

12 **Rosiers hybrides *(Rosa)*,**
à fleurs blanches : x 2

13 **Lis hybrides *(Lilium)*,**
à fleurs blanches : x 6

4 **Amélanchier *(Amelanchier lamarckii)***
dans des caisses en bois : x 2

5 **Anthémis**
***(Argyranthemum frutescens)* : x 2**

6 **Phlox vivace**
***(Phlox paniculata)* : x 5**

7 **Épiaire laineux**
***(Stachys lanata)* : x 14**

8 **Cataleptique**
***(Physostegia virginiana)* : x 4**

9 **Calamagrostide**
***(Calamagrostis × acutiflora)* : x 4**

Comment planter ?

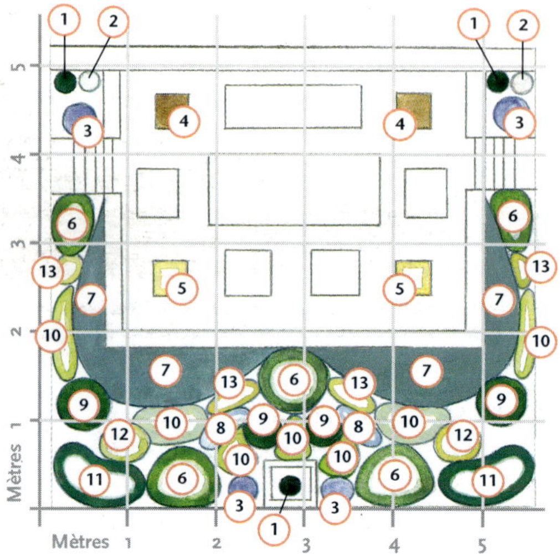

Plan d'aménagement pour les pages 12-13

C'est le printemps : il est temps de planter

Les **rosiers** peuvent être installés au début du printemps si les températures sont supérieures à 0 °C. Buttez-les jusqu'à la feuillaison, c'est-à-dire pendant au moins six semaines. La **clématite** est enterrée profondément, comme indiqué à la page 18. Les vivaces peuvent encore attendre. Enfouissez d'abord un peu d'engrais dans le sol pour leur garantir un bon départ. Placez-les ensuite parterre selon le plan et plantez-les. Les lis seront installés plus tard, dans les espaces restants.

Avant d'entreprendre les plantations, il faut réaliser les travaux d'aménagement indispensables. Creusez la terre, construisez les murets, préparez les escaliers. Le revêtement de la dalle peut être parallèle au niveau de la plantation. Fixez un treillage sur le mur d'arrière-plan. En l'absence de mur, vous pouvez fixer un treillage ou un système de câbles sur un écran contre les regards indiscrets. Le treillage du rosier grimpant doit être bien ancré dans le sol.

ASTUCE

Pour l'**amélanchier d'Amérique**, utilisez une bonne terre pour plantes en bacs du commerce ou un mélange composé de deux quarts de terre franche, un quart de terreau et un quart de terre pour plantes fleuries. Il est important que la terre ait une structure stable pour vous éviter de rempoter les arbustes tous les ans.

Comment soigner vos plantes ?

La première année

Les jeunes tiges du rosier grimpant et de la clématite sont attachées presque à l'horizontale au treillage, de manière à ce que de nouvelles pousses se forment à l'aisselle des feuilles, et que le mur soit rapidement recouvert de verdure.
De même, le rosier grimpant de l'obélisque est enroulé en spirale aplatie vers le haut.
Les autres **rosiers** sont taillés au printemps.
Terminez par l'épandage d'engrais.
Dès que l'**épiaire** a fleuri, rabattez-le vigoureusement pour favoriser la formation de nouveaux rameaux. La **lavande** doit être taillée après la floraison pour produire un buisson compact et touffu.
Les inflorescences fanées du **lilas d'Espagne** sont coupées avant la semaison. De nouveaux bourgeons naîtront à l'aisselle supérieure des feuilles. Les fleurs fanées des **anthémis** sont éliminées au sécateur pour favoriser la repousse.
En automne, ne rabattez que le **lilas d'Espagne** et la **tanaisie**. Les **rosiers grimpants** sont protégés du soleil d'hiver par un écran en brindilles de sapin que l'on suspend au treillage. Les rosiers hybrides seront taillés au début du printemps. Enfin, répartissez du mulch frais sur les plantes.

La diversité de cette plate-bande est due à la variété des formes de fleurs du pied-d'alouette, du pavot d'Orient et du lilas d'Espagne.

Après l'acclimatation

Si l'épiaire devient envahissant et qu'il étouffe les autres vivaces, coupez les rameaux en périphérie. Pour rajeunir les **rosiers grimpants**, éliminez régulièrement les anciennes pousses. Ne divisez pas les vivaces avant la cinquième année.
Ajoutez de la terre fraîche autour du pied de l'amélanchier tous les trois ans.

Autres suggestions

Vous pouvez remplacer

5 **par 2 x 3 agapanthes (hybrides de *Agapanthus*), longues inflorescences blanches pédonculées en juillet/août.**

7 **par 4 x 9 oreilles de souris *Cerastium tomentosum*, couvre-sol, feuillage argent, 10 cm de haut, fleurs blanches en juin.**

13 **par 4 x 1 tulipe à fleurs de lis (hybride de *Tulipa*), élégantes fleurs blanches en mai ; planter en septembre.**

Pergola fleurie

Coin détente ombragé pour le midi ou l'après-midi, la pergola est un endroit tout aussi apprécié pour les grandes soirées « barbecue ». Des plantes grimpantes vigoureuses s'agrippent aux imposants poteaux en bois. Des aristoloches siphon et des houblons apportent de l'ombre à l'arrière, tandis que des rosiers grimpants et des clématites fleurissent à l'avant, du côté du jardin. Une petite plate-bande composée de vivaces (sauge, lilas d'Espagne, alchémille et cataire) orne le pied de chaque poteau. Des plantes en bacs assurent la décoration d'ambiance : sous la pergola, des hostas, qui s'accommodent très bien de la situation ombragée et, en bordure, du lantana qui prospère en revanche au soleil. Cet aménagement permet de ne pas se sentir perdu dans un espace trop vaste quand on est en petit comité, et de faire rapidement de la place en cas de grande fête. Des suspensions renforcent la note verte sous le toit de bois équarri et de feuillage.

Ce dont vous avez besoin

1. **Aristoloche siphon** ***(Aristolochia macrophylla)*** **: x 3**
2. **Houblon** ***(Jumulus lupulus)*** **: x 1**
3. **Alchémille** ***(Alchemilla mollis)*** **: x 22**
4. **Rosier grimpant (hybride de *Rosa*), 'Bobbie James', par ex. : x 2**
5. **Clématite** ***(Clematis viticella)*** **: x 2**
6. **Cataire** ***(Nepeta × faassenii)*** **: x 14**

7 **Sauge**
***(Salvia nemorosa)* : x 11**

8 **Lilas d'Espagne *(Centranthus ruber* 'Coccineus'*)* : x 2**

9 **Hosta**
(hybrides de *Hosta*) : x 2

10 **Lantana**
***(Lantana camara)* : x 2**

Comment planter ?

Commencez par installer le revêtement et monter la structure en bois de la pergola. Pour que l'ensemble soit harmonieux, l'écart entre les poteaux doit être calculé en fonction de la taille des dalles. Creusez des fondations pour ancrer les poteaux dans le sol. Demandez conseil à un spécialiste pour les questions de sécurité relatives à la stabilité de la structure et à sa résistance au vent, car une pergola est un ouvrage destiné à durer. Le revêtement doit être scellé dans une dalle en ciment et renforcé par un rebord du côté des plates-bandes. Ainsi, il résistera durablement à n'importe quelle charge.

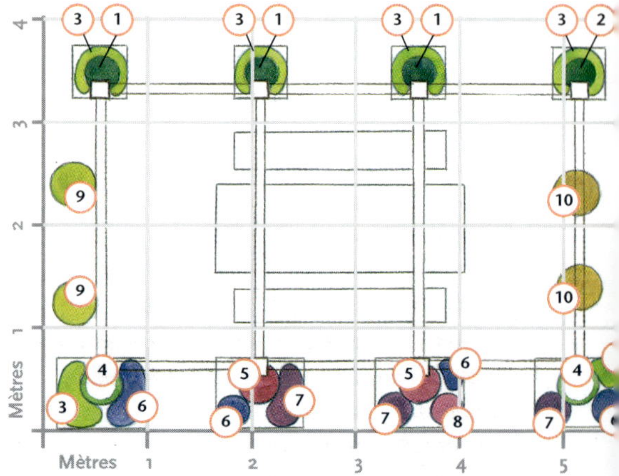

Plan d'aménagement pour les pages 16-17

ASTUCE

Voyez grand pour les dimensions de votre pergola : de cette façon, elle pourra aussi accueillir les fêtes. Pour la rendre plus attrayante le reste du temps, installez-y un coin avec des pots et des jardinières. En y construisant d'une cheminée, vous vous assurerez en outre des températures agréables par n'importe quel temps et vous pourrez faire griller des steaks pour un comité plus réduit.

Ameublir le sol en profondeur

Commencez par ameublir le sol des plates-bandes, tassé par les travaux de terrassement. Si la terre est très lourde et argileuse, il est recommandé de la retourner sur deux hauteurs de bêche et de l'amender d'une bonne quantité de compost.
Plantez les **clématites** en profondeur et légèrement en biais. Il est également conseillé de planter les grimpantes en enterrant verticalement un morceau de tuyau qui permettra d'arroser et de nourrir directement leurs racines. Les vivaces sont installées en dernier. Les **hostas** et le **lantana** en bacs sont plantés au printemps.

Comment soigner vos plantes ?

La première année

Pour aider les plantes grimpantes à s'élever, on peut avoir recours à des fils de fer tendus sur les poteaux. Il faut aussi veiller à favoriser leur croissance en les arrosant et en les fertilisant régulièrement par le bout de tuyau mis en place au moment de la plantation. Les **alchémilles**, les **cataires** et la **sauge** sont taillées après la première floraison pour en favoriser une seconde. Si vous avez choisi un **rosier grimpant** non remontant, rabattez-le vigoureusement juste après la floraison. Cela stimule la repousse et promet de nombreux bourgeons pour l'année suivante. Enfin, supprimez régulièrement les fleurs fanées du lantana pour éviter qu'il ne s'essouffle.

Une grande sérénité naît de l'harmonie entre le design sobre du mobilier de jardin et les jeux de lignes de la pergola.

Après la plantation

Rabattez le **houblon** à la fin de l'automne. Faites de même avec les plantes vivaces. Amendez le sol des plates-bandes avec un mélange à parts égales de feuilles sèches et de compost. Buttez le pied des grimpantes avec ce même mélange, puis ajoutez un paillis de bois de conifères afin que les oiseaux n'éparpillent pas tout en cherchant leur nourriture. Le **lantana** doit hiverner dans un endroit abrité du gel. On peut également tailler grossièrement ses tiges. Les **hostas** peuvent en revanche séjourner à l'abri du mur du fond, à condition de remplir leurs bacs du même mélange de feuilles sèches et de compost que les plates-bandes et de les couvrir d'un paillis. Au printemps, ne l'enlevez que lorsque les dernières gelées ne sont plus à craindre, car les hostas reprennent tardivement leur cycle végétatif et sont particulièrement sensibles au gel à cette période. Le **lantana** ne doit être sorti en plein air qu'après les saints de glace. Complétez un peu le niveau de terreau dans les pots. Les plantes en bacs sont rempotées tous les trois ans.

Jardin d'eau

Les pièces d'eau exercent une attraction magique sur l'homme. C'est une bonne raison pour installer un coin détente près d'un bassin agrémenté d'un ponton. Cet espace sera un lieu de découvertes merveilleux pour les enfants, tandis que vous pourrez les surveiller tranquillement tout en trempant de temps en temps un pied dans l'eau.

Écrans et jeux de couleurs

Un gros bouquet de roseaux de Chine bruisse à côté du ponton et sert d'écran contre le vent et les regards indiscrets.
Il offre un ombrage agréable en été et améliore le microclimat. Les fleurs des becs de grue et des alchémilles égayent le bord du bassin au début de l'été, accompagnées, dès le plein été, d'hémérocalles jaunes. Des hostas et des calamagrostides comblent les interstices. Les bacs d'agapanthes disposés aux trois coins évoquent les vacances.

Ce dont vous avez besoin

1. **Roseau de Chine *(Miscanthus sinensis)* : x 4**
2. **Agapanthe (hybride de *Agapanthus*), en bacs : x 3**
3. **Hémérocalle *(Hemerocallis)* : x 8**
4. **Calamagrostide *(Calamagrostis × acutiflora)* : x 3**

5 **Bec de grue**
***(Geranium × magnificum)* : x 5**

6 **Alchémille**
***(Alchemilla mollis)* : x 4**

7 **Hosta (hybride de *Hosta*),**
à grandes feuilles : x 5

Comment planter ?

Il faut d'abord installer un ponton soutenu par une infrastructure solide. Pour cela, il est absolument indispensable de choisir un bois traité pour l'extérieur.

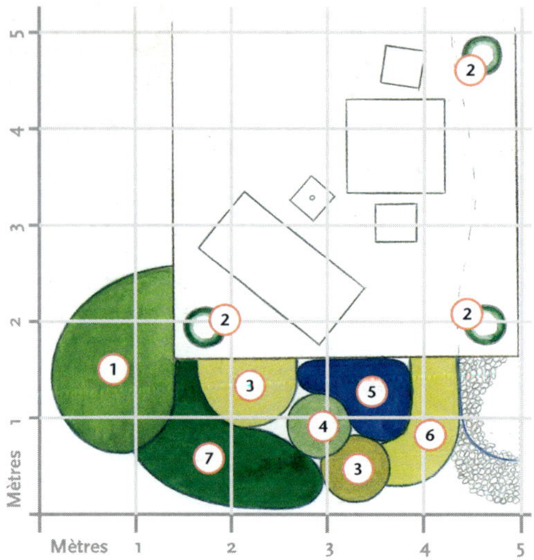

Plan d'aménagement pour les pages 20-21

Certaines essences comme le mélèze ou l'azobé *(Lophira procera)* sont naturellement imputrescibles et ne nécessitent normalement pas d'imprégnation préalable.

Occupez-vous ensuite de la partie à planter. Ameublissez le sol en profondeur et amendez-le avec du compost (de jardin ou d'écorce) en veillant à ne pas endommager l'étanchéité du bassin sur les bords.

La rive sèche

Si votre bassin est en préformé ou en liner, la rive demeurera sèche et vous pourrez employer des plantes à plates-bandes classiques. Comme les espèces indiquées sont robustes et faciles à entretenir, elles pourront être plantées indifféremment en automne ou au printemps. L'avantage de les installer en automne, c'est que la motte sera déjà enracinée au printemps et que la végétation reprendra ainsi plus rapidement. Veillez à bien planter les différentes vivaces à la même profondeur que dans leur pot d'origine. Les **agapanthes** se plantent au printemps. N'oubliez pas que ces magnifiques liliacées préfèrent avoir les racines à l'étroit. Cela signifie qu'il faut les rempoter régulièrement, mais qu'elles donnent alors une floraison beaucoup plus abondante. Le **roseau de Chine** fraîchement installé doit être protégé contre le froid par une épaisse couche de mulch dès l'automne. Globalement, il faut combler tous les espaces restés libres avec un mulch d'écorces grossier.

Comment soigner vos plantes ?

La première année

Au printemps, supprimez toutes les parties mortes. Pour stimuler la croissance, vous pouvez procéder à un apport d'engrais équilibré. Sortez les **agapanthes** dès le mois d'avril. Placez les pots de préférence sur des pieds, afin de permettre à l'air de bien circuler au-dessous. Rabattez l'**alchémille** juste après la première floraison. Avec un arrosage et une fertilisation réguliers, les nouvelles pousses donnent une deuxième floraison qui dure jusqu'à la fin de l'été. Les **hostas** doivent être protégés des escargots au moment du bourgeonnement.

Après l'acclimatation

Rentrez vos **agapanthes** pour l'hiver à la fin de l'automne. Pour qu'elles fleurissent abondamment l'année suivante, veillez toutefois à ce que la température reste basse. Taillez régulièrement les vivaces et les herbacées au début du printemps. Elles ne devraient pas encore bourgeonner. Ensuite, fertilisez la plate-bande. L'**alchémille** et le **bec de grue** sont déterrés et divisés tous les quatre à cinq ans. Si le calamagrostide prend trop de place, supprimez les pousses en périphérie. Si les **hémérocalles** deviennent trop denses, divisez les touffes avec la bêche. La croissance du **roseau de Chine** peut au besoin être freinée en le fertilisant peu, voire pas du tout. Pour éviter qu'il n'envahisse les alentours, enterrez une bordure de pelouse tout autour.

Installé sur le ponton à l'abri des grandes herbacées et du mur, on peut profiter pleinement du calme environnant.

Autres suggestions

Vous pouvez remplacer

1. **par 1 amélanchier d'Amérique *(Amelanchier lamarckii)*, arbuste touffu à fleurs blanches en mai et belle coloration d'automne.**
2. **par 3 solanums *(Lycianthes = Solanum rantonnetii)*, arbuste buissonnant à fleurs bleu gentiane, très floribond.**
4. **par 2 plants d'herbe aux écouvillons *Pennisetum alopecuroides*, touffes denses retombant en arceaux, à inflorescences en forme de spadices.**

Quiétude d'un jardin zen

Si vous aimez l'ambiance des jardins japonais, pourquoi ne pas créer un îlot dans ce style dans votre propre jardin ? Le banc de pierre discret est dissimulé derrière un grand rideau de roseaux de Chine. Une haie de troènes de Californie délimite l'espace en le séparant des jardins voisins ou d'une autre partie du jardin.

Depuis le banc, le regard glisse sur l'érable du Japon dont le feuillage rouge contraste joliment avec le vert de la haie. L'ambiance est animée par la mise en scène de plantes solitaires : boules de buis, hostas et herbe aux écouvillons. Voilà pour les yeux. Mais l'ouïe aussi est sollicitée. Tandis qu'une brise légère fait bruisser les roseaux de Chine, le clapotis d'une fontaine joue une douce mélodie. Des pas japonais dans la pelouse conduisent jusqu'au banc. Le bassin et la lanterne soulignent l'accent asiatique de ce lieu sans en rompre la quiétude.

1 **Roseau de Chine *(Miscanthus sinensis)* : x 3**

2 **Hosta *(Hosta)*, différentes variétés : x 4**

Ce dont vous avez besoin

3. Érable du Japon *(Acer palmatum)*, 'Atropurpureum', par exemple : x 1
4. Herbe aux écouvillons *(Pennisetum alopecuroides)* : x 1
5. Buis *(Buxum sempervirens)*, taillé en boule : x 3
6. Troène de Californie *(Ligustrum ovalifolium)* : x 15

Comment planter ?

La surface est partagée avant la plantation en différents domaines que l'on délimite à l'aide de sable de construction ou de pierres. Pour agrandir l'aménagement proposé, il suffit d'étendre le groupe des roseaux de Chine et de planter un autre massif d'**herbe aux écouvillons** ou de **hostas**.

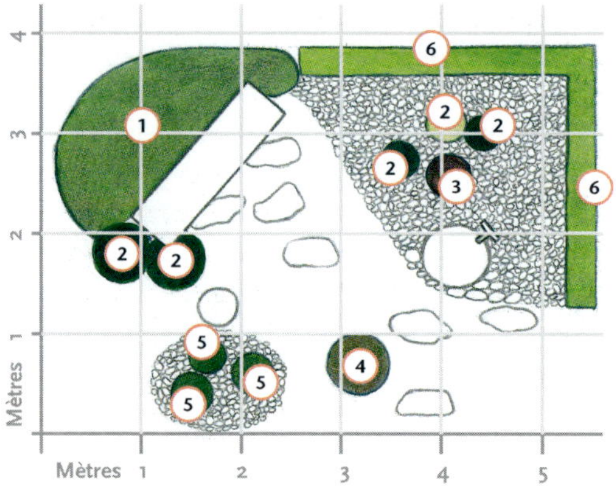

Plan d'aménagement pour les pages 24-25

L'automne : le moment idéal pour planter

Vous pouvez commencer à planter les **troènes de Californie** dès l'automne en creusant une tranchée et en y installant les plants à intervalles réguliers. Creusez un trou suffisamment spacieux pour l'**érable du Japon**. Ameublissez le sol à l'aide d'une fourche. Installez l'arbre préalablement arrosé et comblez le trou avec de la terre. Ensuite, plantez les **roseaux de Chine**. Couvrez-les de mulch la première année pour les protéger du gel. Enfin, occupez-vous des **hostas**, de l'**herbe aux écouvillons** et du **buis**. Au printemps, il restera à semer la pelouse, installer le bassin et la lanterne de pierre et répandre le gravier.

ASTUCE

Pour votre pelouse, utilisez du gazon en rouleaux. Il est certes un peu plus cher, mais vous n'en aurez besoin que de quelques mètres carrés et votre coin détente aura tout de suite de l'allure. Posez les pierres plates des pas japonais sur le gazon, faites-en le tour avec un couteau aiguisé, puis retirez les morceaux de gazon découpés. Enlevez un peu de terre et remplacez-la par un lit de sable. Replacez les pierres et tassez bien.

Comment soigner vos plantes ?

Une fontaine dissimulée au milieu du feuillage surprend l'observateur et souligne l'ambiance exotique du lieu.

La première année

Arrosez régulièrement l'**érable du Japon** jusqu'au milieu de l'été, car il a besoin d'un sol bien humide pour croître. Pincez rapidement les **troènes de Californie** pour qu'ils se ramifient et arborent un port buissonnant. Les **roseaux de Chine** et l'**herbe aux écouvillons** sont taillés au printemps, avant la reprise de végétation. Si le buis a produit de nouvelles pousses, taillez-les avec un sécateur pour lui donner une forme de boule. Protégez les **hostas** des escargots.

Après l'acclimatation

La haie de **troènes** doit être taillée régulièrement comme indiqué à la page 11. Il en va de même du buis qui, après la première taille de printemps, aura besoin d'une seconde mise en forme en été. Faites-le par temps maussade, sinon les feuilles brûlent rapidement, et de préférence avec des cisailles à gazon. Fertilisez les roseaux de Chine au printemps pour qu'ils donnent des tiges vigoureuses. Comme pour l'**herbe aux écouvillons**, ne le rabattez qu'au printemps, juste avant la repousse, pour pouvoir en profiter pendant l'hiver. Si les **hostas** s'étoffent et prennent de l'ampleur, supprimez les pousses en périphérie avant qu'ils ne deviennent envahissants. Faites-le de préférence en automne, car au printemps la croissance s'interrompt facilement.

Autres suggestions

Vous pouvez remplacer

1. **par 3 bambous *(Fargesia nitida)*, plante herbacée persistante qui se lignifie, typique des jardins asiatiques.**

4. **par 1 pivoine arbustive *(Paeonia suffruticosa)*, grosses fleurs roses, rouges, blanches ou jaunes en avril-mai, durables, d'entretien facile.**

5. **par 3 azalées (hybrides de *Rhododendron*), coussinets de plantes basses à feuillage persistant, abondante floraison en mai dans les tons de rose.**

Jardin aux mille parfums

Voici un coin détente aménagé à proximité de plantes odorantes pour s'enivrer des délicieuses senteurs disséminées par le vent, et pour se laisser aller à la rêverie. Des narcisses des poètes s'y épanouissent dès le début du printemps, bientôt rejoints par le lilas à petites feuilles dont la silhouette buissonnante se détache joliment parmi les vivaces. Au début de l'été, les rosiers exhibent leurs atours en grimpant le long d'un arceau. Les variétés indiquées sont remontantes et fleurissent donc plusieurs fois. À la même époque, le parfum des œillets de poète prend du large, tandis qu'une simple caresse de la main réveille l'arôme épicé de la cataire dont l'ourlet mauve sert de trait d'union à la composition d'ensemble. Les phlox vivaces, les lis et les héliotropes du Pérou métamorphosent le jardin en un vivant pot-pourri. Ce petit coin est particulièrement charmant en soirée, quand les parfums s'intensifient.

Ce dont vous avez besoin

1. **Rosier grimpant (hybride de *Rosa*), 'Paul's Hymalayan Musk', par ex. : x 1**
2. **Rosier grimpant ancien (hybride de *Rosa*), 'Zéphirine Drouhin', par ex. : x 1**
3. **Héliotrope du Pérou *(Heliotropium arborescens)* : x 3**
4. **Cataire *(Nepeta × faassenii)* : x 35**

9 Lis (hybride de *Lilium*), odorant : x 12

10 Narcisse des poètes *(Narcissus poeticus)*, déjà fané ici : x 40

11 Chèvrefeuille des jardins *(Lonicera caprifolium)* : x 4

12 Houblon *(Humulus lupulus)* : x 7

5 Lilas à petites feuilles *(Syringa microphylla)* : x 3

6 Phlox vivace *(Phlox paniculata)* : x 9

7 Œillet de poète *(Dianthus barbatus)* : x 15

8 Giroflée des jardins *(Matthiola incana)* : x 12

Comment planter ?

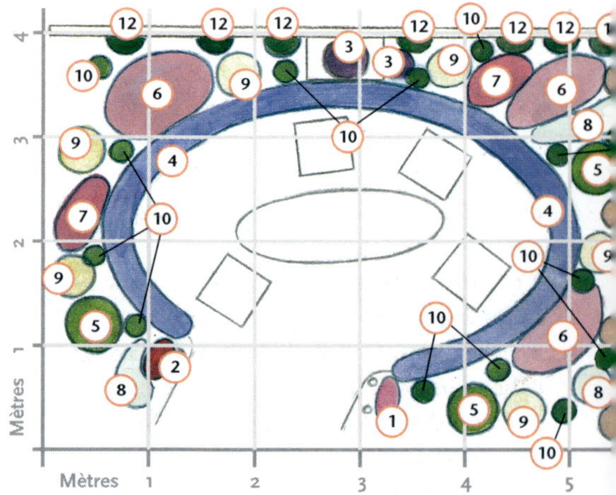

Plan d'aménagement pour les pages 28-29

Installez d'abord les panneaux de lambris. Ils contribuent à donner un climat agréable à l'endroit. En même temps, vous pouvez vous occuper de la dalle. Creusez ensuite les fondations nécessaires pour assurer la stabilité de l'arceau du rosier et de son socle. Terminez en ameublissant en profondeur le sol des futures plates-bandes et en l'amendant avec du compost de jardin ou d'écorce bien décomposé.

Plantez d'abord les ligneux

Si les travaux de terrassement sont terminés en septembre ou octobre, vous pouvez planter vos **ligneux** en novembre. Les principaux rameaux du chèvrefeuille sont attachés horizontalement au treillage inférieur (voir Astuce) pour que les plantes s'étoffent dès la base et qu'elles couvrent rapidement les panneaux. Vous pouvez aussi mettre en place les bulbeuses (**lis** et **narcisses des poètes**). Enfoncez de petits bâtons à l'endroit où elles sont enterrées pour pouvoir les repérer quand vous installerez les vivaces au printemps. Pour la bordure de **cataires**, étalez tous les plants à intervalles réguliers avant de les planter. Juste après, fichez des tuteurs plats dans la terre afin de pouvoir retenir les tiges trop vigoureuses qui retombent sur la dalle. Les **œillets de poète** et les giroflées se vendent en avril-mai. Si vous voulez combler dès le printemps les espaces restés vides, plantez des **violettes cornues**.

ASTUCE

Les plantes grimpantes ont du mal à s'agripper aux panneaux de lambris. Il est donc conseillé de tendre des fils de fer horizontaux et verticaux le long des écrans. Veillez à respecter un écart de 5 à 8 cm entre ces fils et le bois, afin que les plantes grimpantes, mais aussi les lianes puissent rapidement recouvrir les écrans.

Comment soigner vos plantes ?

La première année

Ne coupez pas les feuilles des **narcisses des poètes** avant qu'elles soient fanées. Les **plantes grimpantes** sont fixées à des treillages, afin de bien recouvrir toute la surface des murs. La première année, attachez les tiges à l'horizontale pour que l'abondante floraison orne aussi le tiers inférieur des panneaux et de l'arceau du rosier. Pincez le **phlox** dès que les tiges atteignent 10 à 20 cm de haut. La floraison sera ainsi un peu retardée, mais d'autant plus abondante. Les pots d'**héliotrope du Pérou** se plantent après les saints de glace. Si vous apportez immédiatement un engrais de fond, vous n'aurez plus besoin de fertiliser par la suite. La **cataire** doit être vigoureusement rabattue, arrosée et fertilisée après la première floraison.

Après l'acclimatation

Les **rosiers grimpants** sont taillés au printemps et rabattus les années suivantes. Pour cela, supprimez les rameaux les plus anciens au ras du sol. Les jeunes rameaux sont attachés à l'aide de ficelle souple. Les tiges du **houblon** doivent être régulièrement éliminées au ras du sol au printemps, car cette grimpante produit de nouvelles pousses à partir de son rhizome.

Ces fauteuils bas, importés d'Amérique et extrêmement confortables, sont parfaits pour se détendre après une longue journée.

Les **œillets de poète** et les **giroflées** sont des plantes estivales qu'il faut remplacer chaque année. N'oubliez pas d'enfouir à chaque fois du terreau pour rafraîchir l'emplacement et pour éviter les maladies cryptogamiques des feuilles. Si le lilas grossit trop, éclaircissez la couronne après la floraison.

Autres suggestions
Vous pouvez remplacer

(4) par 2 x 40 plants de sauge *(Salvia nemorosa)*, panicules de fleurs mauves en juin-juillet, 40 cm de haut, après taille, deuxième floraison en août-début septembre.

(7) par 2 x 3 monardes (hybrides de *Monarda*), feuilles aromatiques, inflorescences étranges en juillet-août dans différents tons de rose et de rouge.

(8) par 3 x 2 hémérocalles *(Hemerocallis citrina)*, fleurs jaune citron en été, délicat parfum de citron, touffe de feuilles vert pré.

Beauté crépusculaire

Quand le soleil descend à l'horizon, le jardin s'empreint d'une atmosphère toute particulière. Les couleurs virent au bleu, le calme s'installe, les parfums s'intensifient pour attirer les papillons de nuit qui ne tardent pas à se montrer. C'est le crépuscule. C'est aussi le moment où l'on trouve enfin le temps de s'installer au calme au jardin pour profiter de l'harmonie d'une belle soirée d'été.
Un festival de fleurs bleues anime ce coin détente. En mai, apparaissent d'abord les pittoresques grappes de la glycine de Chine. Avec l'arrivée de l'été, commence la floraison de la sauge nemorosa, de l'hortensia, de la lavande, de la campanule et de la clématite. Au milieu de l'été, elles sont rejointes par l'héliotrope du Pérou, le volubilis et l'agapanthe. Le revêtement de sol en granit sombre accumule la chaleur pendant la journée et la restitue progressivement en soirée.

Ce dont vous avez besoin

1. **Glycine de Chine *(Wisteria sinensis)*, sur tige, palissée en forme de tonnelle : x 1**
2. **Hortensia *(Hydrangea macrophylla)* : x 4**
3. **Hostas (hybrides de *Hosta*), *Hosta sieboldiana* 'Elegans', par ex. : x 3**

4 **Campanule**
(Campanula poscharskyana) **: x 12**

5 **Volubilis**
(Ipomoea purpurea) **: x 5**

6 **Sauge *(Salvia nemorosa)*,**
'Lubeca', par ex. : x 10

7 **Orpin reprise**
(Sedum telephium) **: x 3**

8 **Agapanthe**
(hybrides de *Agapanthus*) : x 4

9 **Héliotrope du Pérou**
(Heliotropium arborescens) **: x 3**

10 **Lavande**
(Lavandula angustifolia) **: x 3**

11 **Clématite**
(hybrides de *Clematis viticella*) : x 1

Comment planter ?

Si le coin détente est revêtu de dalles, commencez par installer le treillage. On utilise pour cela des socles pour poteaux. Ils sont faciles à fixer dans le sol et évitent que l'humidité ne monte dans le bois. Si vous voulez mettre les différents treillages en couleur, faites-le par une journée de printemps ensoleillée (il est inutile de le faire avant l'hiver). Peignez sur un bois sec et utilisez de la peinture pour l'extérieur. Terminez en ameublissant le sol et en le fertilisant immédiatement si vous plantez au printemps.

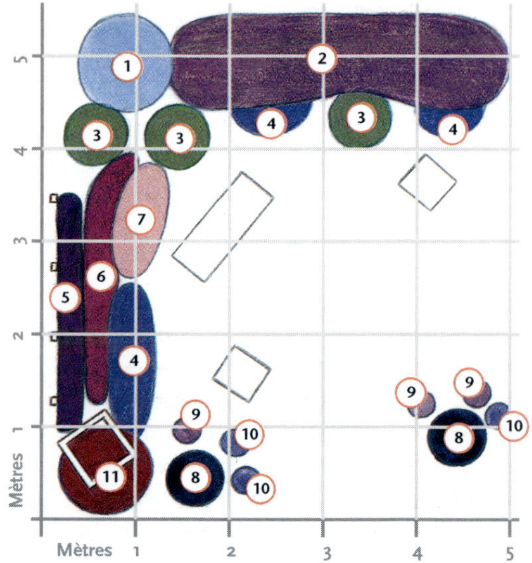

Plan d'aménagement pour les pages 32-33

Préférez les volubilis

Plantez les **hortensias**, les **glycines** et les vivaces au printemps. Cela évite les dégâts causés par le gel. Plantez aussi la **clématite** en prévoyant un trou profond, car la plante doit être installée nettement plus bas que dans son pot d'origine, et légèrement en biais pour qu'elle s'appuie contre le treillage en forme d'obélisque. Enterrez en même temps un morceau de tuyau en plastique : ainsi vous pourrez arroser directement la motte. Placez quelques gros galets autour du pied pour assurer de la fraîcheur aux racines. Semez les graines de **volubilis** en mars dans des pots que vous placerez sur un rebord de fenêtre chaud et clair. Tuteurez un peu plus tard, puis repiquez à l'extérieur en mai.

ASTUCE

La couleur bleue des fleurs d'**hortensia** dépend de la variété et du terrain. Les grosses têtes n'arborent un bleu intense que si le sol est acide (pH ≤ 5). Il faut donc tester l'acidité du sol avant la plantation et le remplacer au besoin par un substrat à base de tourbe. Pendant la formation florale, fertilisez avec des préparations à base d'alun.

Comment soigner vos plantes ?

La première année

Au début du printemps, fertilisez la plantation toute fraîche avec un engrais de fond pour plates-bandes. N'oubliez pas de fournir également de l'engrais aux plantes en bacs. Plantez les **agapanthes** et les **héliotropes du Pérou** fin avril. Si les nuits sont fraîches, protégez-les avec du carton ondulé ou des sacs poubelle. Vous pouvez sortir les agapanthes plus âgées dès le début avril, mais mettez-les d'abord à l'abri de la maison. Taillez régulièrement les longues tiges de la **glycine de Chine** ou, si elle est encore clairsemée, enroulez-les autour du treillage. Interrompez la taille fin juillet, et ne reprenez qu'en hiver, en raccourcissant les tiges d'un à deux tiers de leur longueur. La **sauge** est totalement rabattue, fertilisée et abondamment arrosée après la première floraison. Ainsi elle refleurira à la fin de l'été.

Après l'acclimatation

Les **hortensias** sont taillés le moins possible. Retirez toujours les pointes qui ont gelé au printemps. La **glycine de Chine** s'entretient exactement comme la première année. Divisez les touffes de **campanules**, si elles deviennent envahissantes. L'**orpin reprise** est rajeuni tous les trois ans au printemps, sinon les touffes s'écartent de manière inesthétique sous le poids des fleurs au printemps. Ne rempotez pas trop souvent les agapanthes ; elles aiment être à l'étroit dans leur pot et donnent alors une floraison luxuriante.

Les longues grappes de fleurs de la glycine de Chine s'épanouissent au printemps en libérant leur délicieux parfum.

Autres suggestions

Vous pouvez remplacer

- (1) **par 1 *Buddleia alternifolia*, grappes de fleurs lilas retombantes, floraison estivale, facile d'entretien.**
- (6) **par 8 cataires *(Nepeta × faassenii)*, nuées de fleurs bleues à partir de juin, très vigoureuse.**
- (8) **par 2 solanum *(Lycianthes = Solanum rantonnetii)*, fleurs mauves tout l'été, plante en bac d'entretien facile, parfois un peu broussailleuse, taille possible.**

Abri fleuri pour tous les temps

Une romantique maisonnette de jardin est certes l'un des coins détente les plus coûteux à installer, mais aussi les plus durables. Cet espace à part entière permet de profiter du jardin même les jours maussades et les soirées fraîches. Équipé du chauffage, il peut même servir pendant la saison froide. Encadré par la floraison luxuriante de nombreux arbustes et vivaces, le pavillon en bois s'intègre parfaitement dans le paysage du jardin et ne paraît pas imposant. Sa façade est en outre dissimulée par des rosiers grimpants. Dans cette oasis, le stress de la vie quotidienne est vite oublié. Un perron offre la possibilité, quand le soleil brille, de s'asseoir en plein air. Sur ses marches, vous pourrez même faire une petite pause pendant vos travaux de jardinage. Des pots d'anthémis et d'héliotropes du Pérou, odorants, parachèvent la décoration du lieu.

Ce dont vous avez besoin

1. **Rosier grimpant (hybride de *Rosa*), remontant : x 2**
2. **Hortensia *(Hydrangea macrophylla)*, fleurs roses. : x 6**
3. **Lavatère d'Hyres *(Lavatera albia)*, non représentée : x 2**

4 **Sauge**
***(Salvia nemorosa)* : x 24**

5 **Lilas à petites feuilles**
***(Syringa microphylla)* : x 2**

6 **Serpolet**
***(Thymus serpyllum)* : x 10**

7 **Pois de senteur**
***(Lathyrus odoratus)* : x 12**

8 **Cataleptique**
***(Physostegia virginiana)* : x 10**

9 **Anthémis**
***(Argyranthemum frutescens)* : x 2**

10 **Héliotrope du Pérou**
***(Heliotropium arborescens)* : x 2**

Comment planter ?

Une fois le pavillon construit, vous pouvez vous occuper des plantations. Ameublissez le sol à l'aide d'une fourche et profitez-en pour l'améliorer avec du terreau bien décomposé.

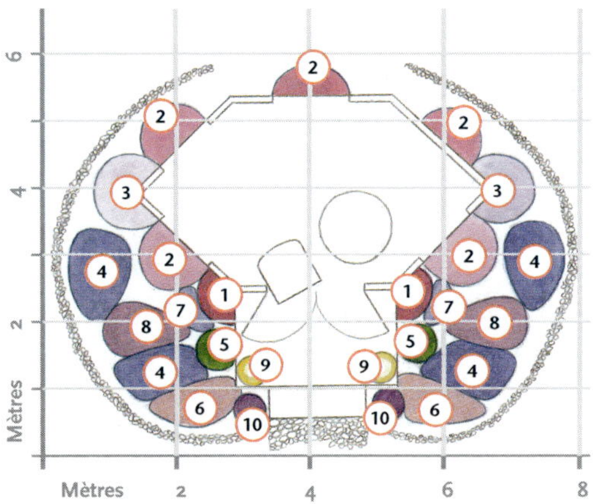

Plan d'aménagement pour les pages 36-37

Si vous ajoutez l'engrais en même temps, vous gagnerez du temps au printemps. Fixez un système de fils de fer destiné à soutenir les tiges du **rosier grimpant** à côté de la porte d'entrée. Un autre fil stable est tendu à la hauteur de la gouttière pour pouvoir guider le rosier comme une guirlande au-dessus de l'entrée.

Planter d'abord les ligneux

Si les travaux sont terminés en automne, vous pouvez planter le **lilas** et les **rosiers grimpants**. Sinon, vous les mettrez en place au printemps, avec les hortensias. Disposez les vivaces comme indiqué sur le plan avant de les planter. Enfoncez tout de suite de vigoureux tuteurs dans la terre autour de la **lavatère d'Hyres**. Ainsi, la plante peut croître à l'intérieur et les recouvrir rapidement. Semez les **pois de senteur** à la fin avril. Enfoncez les graines de la taille d'un petit pois dans la terre et recouvrez d'un bocal retourné. Vous pourrez le retirer dès que la plantule aura deux paires de feuilles. Pour offrir un support à ces grimpantes, plantez trois bambous dans la terre, liez-en les pointes, puis tendez une cordelette en spirale tout autour. On peut aussi planter dans la terre des baguettes de noisetier très ramifiées. Les **anthémis** et les **héliotropes du Pérou** sont mis en pots après les saints de glace et installés à leur emplacement définitif.

Comment soigner vos plantes ?

Une bordure de rosiers luxuriants orne ce pavillon dissimulé derrière une exubérante verdure.

La première année

Pour faire grimper les tiges du **rosier**, attachez-les à la structure en fil de fer à l'aide de ficelle souple. Supprimez régulièrement les fleurs fanées pendant l'été.

Fertilisez les vivaces pour la deuxième fois en juin, pendant la pleine floraison.

Rabattez la **sauge** au ras du sol après la première floraison pour en favoriser une seconde. Veillez à ce que la motte ne soit jamais sèche. La première année, vous pouvez pincer les **cataleptiques** tant qu'elles n'ont pas encore de boutons. Ainsi, elles se ramifieront et fleuriront abondamment dès la première année.

En même temps, fertilisez-les régulièrement.

Après l'acclimatation

Rabattez les grandes vivaces à la fin de l'automne. Éclaircissez également grossièrement le **rosier grimpant**.

La vraie taille n'a lieu qu'au printemps, quand les éventuels dégâts causés par le gel sont visibles. Buttez les **rosiers**, la **lavatère d'Hyres**, et les **hortensias** avec un mélange de paille hachée, de feuillage et de terreau. Placez quelques bulbes dans les pots vidés, en automne.

Ainsi vous aurez des fleurs dès le printemps.

Quand les vivaces commencent à bourgeonner, retirez avec précaution la protection hivernale.

Ne supprimez que les pointes gelées des **hortensias**, car les boutons se forment sur les tiges de l'année précédente.

Remplacez les **lavatères d'Hyres** tous les cinq ans.

Écrin de nœuds à l'anglaise

Les entrelacs de cordons de plantes basses rappellent les jardins de nœuds anglais. Abrité par une haie de charmes, ce coin de jardin aux accents distingués reste discret et offre, même en hiver, le spectacle d'un cadre pittoresque qu'il serait dommage de vouloir camoufler. Le caractère très structuré de l'aménagement proposé est renforcé par le mobilier. Les feuillages aux couleurs et aux textures contrastées de ces haies basses dessinent des tresses sur le sol. Les différentes espèces se mettent mutuellement en valeur et contribuent à la quiétude qui se dégage du lieu. En été, quand fleurissent la lavande et la santoline petit cyprès, les structures changent. Les nuées de fleurs jaune vert de l'alchémille et les coussinets mauves de la campanule viennent adoucir l'ensemble. En hiver, sous la neige et le givre, le paysage redevient paisible. En dehors d'une taille régulière, cet aménagement ne nécessite que peu d'entretien.

1. **Charme commun** ***(Carpinus betulus)* : x 36**
2. **Alchémille** ***(Alchemilla mollis)* : x 9**

Ce dont vous avez besoin

3. Épine-vinette de Thunberg *(Berberis thunbergii* 'Atropurpurea Nana'*)* : x 35
4. Buis *(Buxus sempervirens)* : x 50
5. Santoline petit cyprès *(Santolina chamaecyparissus)* : x 50
6. Lavande *(Lavandula angustifolia)* : x 50
7. Sauge officinale *(Salvia officinalis)*, 'Berggarten', par ex. : x 2
8. Campanule *(Campanula poscharskyana)* : x 14

Comment planter ?

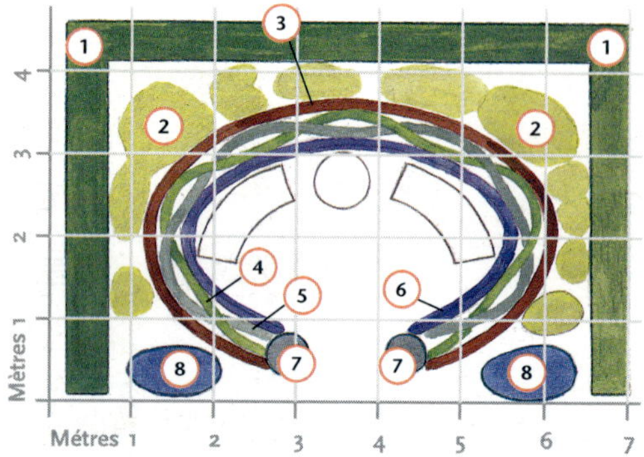

Plan d'aménagement pour les pages 40-41

Ce jardinet bien structuré fera un petit coin détente charmant. Il faut néanmoins deux ans pour que les arbustes à feuillage persistant aient suffisamment poussé et pour que les épais cordons d'**épine-vinette**, de **santoline**, de **buis** et de **lavande** s'entrelacent et se tressent selon un motif nettement reconnaissable.

La répartition de l'espace

Délimitez les différentes zones de l'espace à aménager avant de commencer à planter. Préparez et ameublissez le sol de la surface à planter. À l'aide de piquets, de cordeau et de sable, reportez sur le sol le motif de base du plan d'aménagement ci-dessus. Déblayez la terre de l'espace réservé au mobilier et à l'entrée du jardinet sur environ 10 cm de profondeur. Damez bien le sol et emplissez les fouilles de sable jusqu'à mi-hauteur. Compactez à nouveau et terminez en étalant une couche de gravier d'une épaisseur telle qu'elle arrive au niveau de la terre des plates-bandes. Le moment idéal pour planter les mini-haies et les vivaces se situe au début du printemps. La haie de charmes de l'arrière-plan peut, en revanche, être mise en place dès l'automne. Pour les **alchémilles** et les **campanules**, commencez par étaler tous les plants entre la haie et le décor de nœuds. Ensuite, disposez les cordons. Cette façon de procéder permet de corriger les erreurs d'intervalles avant de planter.

ASTUCE

Au printemps, animez votre coin détente en installant diverses variétés de narcisses entre les alchémilles et les campanules. Les bulbes sont enterrés en automne et arrosés au printemps si le temps est sec. Quand les fleurs sont fanées, ne coupez les feuilles qu'une fois jaunes et flétries.

Comment soigner vos plantes ?

La première année

Installez les plantes, puis arrosez-les généreusement. Couvrez-les d'un mulch d'écorce pour empêcher l'apparition de mauvaises herbes et limiter le dessèchement du sol. Début juin, quand le **buis** et l'**épine-vinette** ont commencé à pousser, taillez les nouvelles tiges. Cela favorise la croissance et permet d'obtenir rapidement une bordure homogène. En revanche, laissez la haie de **charmes** s'acclimater pour le moment. Fin juillet, la **lavande** a fleuri pour la première fois. Rabattez-la vigoureusement pour que de nouvelles pousses puissent se former en nombre avant l'automne. Supprimez les feuilles et inflorescences des **alchémilles** dès qu'elles sont défleuries. Un peu d'engrais et un arrosage régulier favoriseront la repousse et vous donneront de jolies feuilles toutes neuves pendant tout l'été. Une deuxième floraison se produit parfois au mois d'août.

Les différents tons de vert des plantes taillées avec précision soulignent le motif des entrelacs.

Après l'acclimatation

En hiver, vous pouvez tailler les jeunes pousses de la haie de **charmes**, à condition qu'il ne gèle pas. Une deuxième taille aura lieu l'été suivant. Rabattez vigoureusement **la sauge officinale** au début du printemps, dès que les grosses gelées sont passées, pour forcer les parties lignifiées à produire de nouvelles pousses. Rabattez de même la **santoline petit cyprès**. Les haies de **buis** et d'**épine-vinette** sont taillées au printemps et au milieu de l'été par temps couvert. Si le cordon est bien compact, on peut les laisser pousser un peu plus haut. Taillez régulièrement la **lavande** après la floraison. Fertilisez les haies au printemps, car elles ont davantage besoin de nutriments à cause de la taille.

Belle harmonie en vert et blanc

Le charme et l'ambiance d'un coin détente dépendent largement des coloris que l'on choisit d'y associer. Le vert et le blanc créent une impression d'harmonie et garantissent, sur la terrasse, une douce transition entre le séjour et les plates-bandes multicolores.
L'espace est encadré par six plates-bandes carrées qui lui apportent une note structurée. Des hortensias blancs et des buissons de buis taillés en forme de parallélépipèdes plats renforcent l'harmonie des formes et des couleurs. Entre les deux, des plates-bandes plus hétéroclites de rosiers, de tanaisies, de lilas d'Espagne et de tabac d'ornement animent le lieu de leurs splendides et exubérantes floraisons.
Une glycine de Chine déploie ses fleurs blanches à la limite du terrain. Du côté du jardin, on a créé, à l'aide de poteaux, de cordes et de houblon, un mur de verdure qui offre néanmoins par sa transparence des angles de vue sur le jardin.

Ce dont vous avez besoin

1. **Glycine de Chine *(Wisteria sinensis)* : x 1**
2. **Hortensia *(Hydrangea macrophylla)*, à fleurs blanches, 'Alba', par ex. : x 2**
3. **Tanaisie *(Tanacetum parthenium)* : x 7**
4. **Houblon *(Humulus lupulus)* : x 10**
5. **Laurier sauce *(Laurus nobilis)*, en pot : x 2**
6. **Buis *(Buxus sempervirens)*, taillé : x 24**

7 Rosier blanc (hybride de *Rosa*), ‘Fée des neiges’, par ex. : x 2

8 Lilas d’Espagne *(Centranthus ruber)*, à fleurs blanches, ‘Albus’, par ex. : x 2

9 Tabac d’ornement *(Nicotiana alata)* : x 4

10 Lis (hybride de *Lilium*), à fleurs blanches : x 8

Comment planter ?

Cet aménagement convient bien à un coin détente préexistant, mais auquel vous souhaitez apporter une touche personnelle. Marquez l'emplacement des plates-bandes et enlevez le revêtement des surfaces correspondantes. Si les pierres ont été scellées dans une chape sur sable, renforcez les bords avec du mortier, sinon tout l'assemblage risque de se désagréger. Veillez à ce que ces travaux soient réalisés avec soin et à ce qu'aucun matériel lourd ne vienne peser sur la dalle pendant cette période. Ensuite, remplacez une partie de la terre par du terreau bien décomposé et enfouissez-le à l'aide d'une fourche. Ainsi vous ameublirez le sol en même temps.

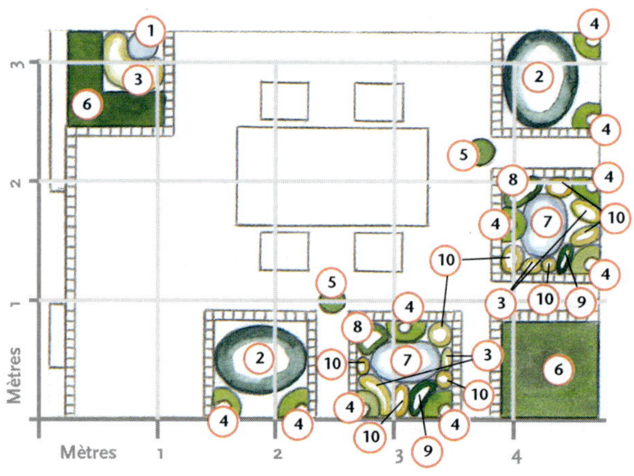

Plan d'aménagement pour les pages 44-45

Un peu de patience avec le buis

En installant vos plantes au printemps, vous ne risquez pas d'en perdre à cause du gel. Pendant les mois d'hiver, vous pouvez ancrer les poteaux dans le sol. Au printemps, plantez le **houblon** à leur pied afin qu'il puisse rapidement y grimper. Le **buis** se plante en rangées régulières pour former un groupe. Pour le forcer à former des buissons compacts, vous pouvez le tailler une première fois dès qu'il a produit des pousses.

Les **rosiers** doivent être installés dans un trou spacieux. Ils sont ensuite buttés pendant six semaines. Disposez les plantes vivaces sur le sol selon le plan d'aménagement avant de les planter. Laissez des espaces vides pour le **tabac d'ornement** et les **lis**. Ils seront comblés en mai. Plantez la **glycine de Chine** de biais contre le mur pour qu'elle puisse grimper en s'enroulant autour des fils de fer.

Sortez le **laurier** dès le mois d'avril et ne le rapprochez du mur de la maison que s'il se remet à geler. En mai, il peut prendre sa place définitive.

Comment soigner vos plantes ?

Une atmosphère paisible se dégage de ce coin détente qui se décline volontairement du vert clair au blanc pur.

La première année

Taillez le **buis** deux fois par an. L'idéal est d'utiliser un taille-haies électrique, car la longue lame est pratique pour obtenir des angles bien droits. Si les **hortensias** ne sont pas encore très serrés, vous pouvez combler les interstices avec des violettes cornues blanches. Elles fleuriront votre coin détente tout en ne laissant aucune chance aux mauvaises herbes de se multiplier. En juin, fertilisez toutes les plantes.

Si le **laurier** a produit des pousses, pincez-les. Les plus grosses branches de la glycine, celles qui constituent son squelette, sont à tailler en été. En automne, buttez les **hortensias** et les **rosiers** pour les protéger un peu de l'hiver. Ensuite, rabattez le **tabac d'ornement** et le **lilas d'Espagne**.

Après l'acclimatation

Taillez les **rosiers** au printemps. Cela permet aux pieds de rester jeunes. Pour cela, supprimez toutes les pousses de la base. Ne taillez les **hortensias** que modérément. Pour éclaircir les buissons trop fournis, il suffit de couper certains rameaux à partir de la base. Le **houblon** repousse totalement à partir de ses racines au printemps. Il faut donc retirer à tempsles branches sèches des poteaux et des fils. Si la **tanaisie** gèle, remplacez-la au printemps. La **glycine de Chine** doit être taillée régulièrement en été et en hiver, mais ne rabattez les tiges que du tiers en hiver, sinon vous risquez de supprimer les fleurs. Rempotez le **laurier sauce** tous les trois ans, en veillant à choisir une terre riche pour plantes en bacs.

Soleil de fleurs jaunes

Installé sur une petite butte en situation centrale, ce petit coin détente garantit une vue magnifique sur l'ensemble du jardin. En été, vous pourrez profiter du lever du soleil dès le petit-déjeuner, et même si le ciel est couvert, le jaune des feuilles et des fleurs donnera une impression d'ensoleillement. Cette 'butte de soleil' produira ses premières fleurs dès le printemps avec les narcisses des poètes. Ils s'accompagneront du pittoresque bourgeonnement des hémérocalles, des hostas, des onagres et de l'herbe aux écouvillons. Au début de l'été, ce sera au tour des rosiers jaunes d'être en fleurs. Après la première floraison, alors que ces derniers sembleront faiblir un peu, les dahlias prendront le relais et offriront un spectacle splendide jusqu'aux premières gelées nocturnes. Le feuillage argenté de la santoline petit cyprès et la structure linéaire de l'herbe aux écouvillons apportent un peu de sobriété à cette profusion de fleurs.

1. **Rosier jaune (hybride de *Rosa*), 'Friesia', par ex. : x 4**
2. **Santoline petit cyprès *(Santolina chamaecyparissus)* : x 15**
3. **Herbe aux écouvillons *(Pennisetum alopecuroides)* : x 2**

Ce dont vous avez besoin

4 **Onagre bisannuelle** ***(Oenothera tetragona)*** **: x 12**

5 **Alchémille** ***(Alchemilla mollis)*** **: x 12**

6 **Hémérocalle** **(hybride de *Hemerocallis*) : x 9**

7 **Hosta (hybride de *Hosta*),** **à feuilles au motif jaune d'or : x 2**

8 **Dahlia (hybride de *Dahlia*),** **à fleurs jaunes, doubles : x 6**

9 **Narcisses des poètes *(Narcissus poeticus)*, ici, déjà fanés : x 80**

Comment planter ?

Le coin détente est légèrement surélevé. Il faut donc commencer par modeler la butte. Si vous venez de creuser un bassin, vous pourrez réutiliser la terre. Mais si vous n'avez pas une grande expérience de ce genre de travaux, mieux vaut faire appel à une entreprise spécialisée pour la dalle, et vous réserver la seule plantation. Il est important que le sol soit correctement drainé et damé, et que les marches soient bien fixées. Procédez à la plantation juste après. Les plantes retiendront la terre et éviteront qu'elle ne soit emportée en cas de pluies violentes.

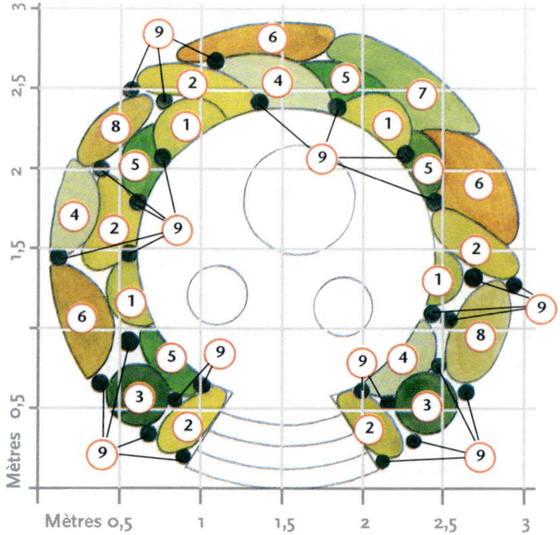

Plan d'aménagement pour les pages 48-49

Des bulbes pour le printemps

En dehors des **dahlias**, toutes les espèces peuvent être plantées autour de la dalle en automne. Pour les **rosiers**, creusez un trou profond et amendez la terre avec du terreau bien décomposé. Arrosez la motte, placez le rosier dans le trou et comblez avec de la terre. Pour les préserver des atteintes de l'hiver, buttez-les avec un surplus de terre. Étalez les **vivaces**, puis plantez-les. Terminez en plantant les bulbes des **narcisses des poètes** dans les espaces restés libres, à environ 10 cm de profondeur. Marquez l'emplacement des **dahlias** avec un bâton. Ils seront mis en place au mois de mai.

ASTUCE

Juste après la plantation, faites serpenter un tuyau d'arrosage doté de microperforations sur la terre entre les plantes. Il garantira un approvisionnement correct en eau sans risquer d'emporter la terre comme c'est le cas avec les arrosages au tuyau traditionnel.

Comment soigner vos plantes ?

La première année

À la fin de l'hiver, dégagez le pied des **rosiers** en veillant à ne pas abîmer les **narcisses des poètes** qui sont en pleine croissance. En même temps, supprimez les **mauvaises herbes** et les parties sèches des vivaces. Un peu d'engrais et une épaisse couche de mulch assureront un bon départ à toutes les plantes. Achetez vos **dahlias** dès le mois d'avril et forcez-les dans des corbeilles placées à l'abri du mur de la maison. Ils n'ont plus besoin de la protection de carton ondulé, sauf s'il gèle la nuit. Mettez-les en place en mai. Rabattez l'**alchémille** juste après sa première floraison, elle donnera de nouvelles pousses en quelques semaines à peine. En automne, déterrez les **dahlias** avant les premières gelées et faites-les hiverner dans un endroit frais et sombre (la cave, par exemple).

Après l'acclimatation

Les travaux annuels de printemps englobent le rabattage des vivaces et la taille des rosiers, mais aussi la fertilisation de toutes les plantes et le remplacement éventuel de la couche de mulch. Si la **santoline petit cyprès** tend à vieillir, rajeunissez-la en la rabattant fortement en juillet, juste après la floraison. Elle reprendra rapidement et les nouvelles tiges, qui auront eu le temps de mûrir avant l'hiver, ne craindront pas le froid. Divisez les **hémérocalles** tous les cinq ans, ou faites-le avant si elles donnent des signes de paresse dans la floraison ou qu'elles sont trop touffues. Surveillez également les **hostas** et divisez-les s'ils deviennent envahissants.

Il est facile de faire le plein de bonne humeur au milieu de ces rosiers jaunes. Ce petit coin sera sûrement fort apprécié de tous.

Autres suggestions
Vous pouvez remplacer

- (3) **par 2 calamagrostides *(Calamagrostis × acutiflora)*, herbacée aux longues feuilles raides et belle coloration d'automne.**
- (5) **par 12 coréopsis (hybride de *Coreopsis 'Moonbeam'*), à partir de fin juillet, nuées de fleurs jaune citron odorantes, 40 cm de haut.**

Tonnelle romantique

Voici une tonnelle fleurie où il fait bon lire, rêver ou profiter d'une belle journée ensoleillée. Une haie de charmes en bordure du jardin fait écran aux regards indiscrets. Ce coin détente est toujours agréablement ombragé grâce à un ciel de feuillage qu'émaillent, pendant tout l'été, les innombrables petites fleurs étoilées des clématites.
La composition est animée par un romantique camaïeu de roses que soulignent des feuillages bordeaux foncé. Le somptueux spectacle débute au printemps : entre les hémisphères brun rouge de l'orpin reprise se mêlent des becs de grue violacés et des œillets de poète rouge sombre. Les floribonds lavatères d'Hyres et les dahlias entrent en scène en juillet. Délicatement parfumée, la verveine qui comble tous les espaces et donne l'impression de flotter, fleurit jusqu'aux premières gelées et apporte de la légèreté à l'ensemble.

Ce dont vous avez besoin

1. **Clématite (hybride de *Clematis viticella*), à fleurs roses ou pourpres : x 4**
2. **Charme *(Carpinus betulus)* : x 42**

7 Œillet de poète *(Dianthus barbatus)*, à fleurs rouge sombre : x 10

8 Épine-vinette de Thunberg *(Berberis thunbergii* 'Atropurpurea Nana') : x 2

9 Orpin reprise *(Sedum telephium)*, 'Matrona', par ex. : x 2

10 Verveine *(Verbena bonariensis)* : x 12

3 Heuchère pourpre *(Heuchera micrantha)*, 'Palace Purple', par ex. : x 5

4 Bec de grue *(Geranium × magnificum)* x 12

5 Lavatère d'Hyres *(Lavatera olbia)* : x 2

6 Dahlia (hybride de *Dahlia*), à fleurs roses et feuillage rouge foncé, par ex. : x 8

Comment planter ?

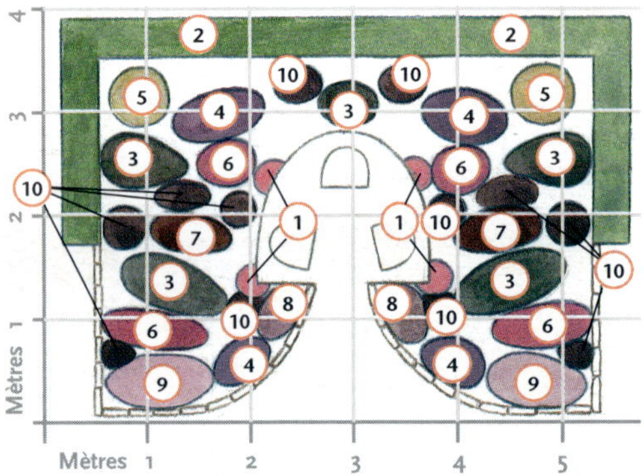

Plan d'aménagement pour les pages 52-53

Si l'emplacement choisi est déjà protégé par une grille ou un écran, il est inutile d'ajouter une haie de charmes. Commencez par ancrer solidement la structure métallique de la tonnelle. Ensuite, posez un revêtement en clinker sous la tonnelle et à l'entrée de votre coin détente. Attention, des fondations sont nécessaires.

La plantation

Vous pouvez mettre la **haie de charmes** en place à la fin de l'automne. Pour toutes les autres plantes, il est préférable d'attendre le printemps. Ameublissez le sol des vivaces et amendez-le avec du compost bien décomposé. Si vous plantez au printemps, vous pouvez aussi ajouter un peu de corne broyée à la terre. Pour les clématites, creusez des trous profonds à environ 30 cm de la tonnelle. Arrosez copieusement les mottes, puis mettez-les en place dans les trous en les inclinant vers la tonnelle. La plante peut sans problème être placée une dizaine de centimètres plus profondément dans la terre que dans son pot d'origine.

Disposez les vivaces sur le sol selon le plan d'aménagement. Prévoyez suffisamment de place pour les **dahlias**, qui ne seront repiqués qu'après les saints de glace. Pour que l'ensemble ne paraisse pas trop dénudé entre-temps, vous pouvez planter des tulipes forcées. Ensuite, installez toutes les vivaces et l'épine-vinette. Terminez par les éléments décoratifs en terre cuite de la bordure.

ASTUCE

Coupez dès le départ quelques fleurs pour vos vases et décorations de table. Cela favorise la ramification des plants et la formation de nouveaux boutons.

Comment soigner vos plantes ?

La première année

Attachez les rameaux de la clématite le plus horizontalement possible pour favoriser la formation de nouvelles pousses à l'aisselle des feuilles et obtenir que la verdure recouvre rapidement la tonnelle. Tuteurez assez tôt la **lavatère d'Hyres**, car elle a tendance à basculer vers l'avant. Pour ne pas avoir à attendre trop longtemps la floraison des **dahlias**, plantez-les en avril dans de grands pots que vous installerez à l'abri et protégerez en cas de gelées nocturnes. Mettez-les en place après les saints de glace. Taillez l'épine-vinette à la fin de l'été pour qu'elle conserve sa forme arrondie et compacte. Déterrez les **dahlias** avant les premières gelées et hivernez-les dans une cave fraîche à l'abri du gel.

Après l'acclimatation

Taillez la **haie de charmes** pour la première fois en hiver. Cela permet d'éliminer les pointes. Taillez-la une seconde fois au printemps après la reprise de la végétation, afin que les différents plants poussent rapidement en largeur et s'entremêlent. Taillez la **clématite** au printemps, avant la reprise de la végétation, en même temps que les **lavatères**, les **heuchères**, les **becs de grue**, l'**orpin**, et la **verveine**.

L'entremêlement des rameaux fleuris et la structure filiforme de la tonnelle contribuent au romantisme de ce petit coin détente.

Les **œillets de poète** bisannuels doivent être replantés tous les deux ans. La **verveine** se ressème spontanément. Fertilisez régulièrement les plates-bandes au printemps et au début de l'été.

Autres suggestions

Vous pouvez remplacer

5 **par 2 x 3 pieds d'alouette (hybrides de *Delphinium belladonna*), fleurs bleu clair à foncé, hautes panicules, deuxième floraison possible, à la fin de l'été après la taille.**

6 **par 4 x 2 phlox vivaces *(Phlox paniculata)*, touffes robustes de 0,8 à 1,2 m de haut, inflorescences roses, odorantes.**

7 **par 2 x 3 campanules carillon *(Campanula medium)*.**

Petit guide pratique

Installation et plantation

Des pierres naturelles et des pavés sont utilisés pour recouvrir les fondations.

Les pierres naturelles sont posées sur un lit de sable, les pierres à bordures sur un lit de mortier.

Les joints sont comblés avec du sable que l'on étale à l'aide d'un balai.

Préparation

Tout coin détente se présente en fait comme un espace clos au sein du jardin. Son aménagement comprend le choix des plantes et leur mise en place, mais aussi celui de l'emplacement et de la disposition des différents éléments qui le composent. L'effet produit dépend en grande partie de l'harmonie qui émane de ces éléments. Prenez donc tout le temps nécessaire pour cette phase de conception. Une fois déterminé l'emplacement du coin détente et des plates-bandes qui l'entourent, passez au modelage des surfaces. Terminez en mesurant et en marquant les différentes parties.

Le gravier sur mortier hydraulique peut même accueillir des plantes.

Le revêtement de sol

On distingue les revêtements sur chapes hydrauliques et les revêtements fixes. Ces derniers peuvent être indifféremment

Les revêtements en bois exigent un sous-sol perméable.

Le sable est enfin lavé au jet (faible).

posés sur un lit de sable ou de mortier. Pour que les surfaces puissent supporter des charges dans le long terme, les bords doivent être renforcés avec des pierres à bordures. Pendant la pose, veillez :

- À prévoir les raccords électriques afin de pouvoir par la suite installer la lumière ou une prise électrique.
- À réaliser vos fondations dans les règles de l'art si vous voulez qu'elles résistent au gel.
- À ce que l'ensemble de la superficie soit plan et équilibré.
- Si le coin est à proximité de bâtiments, à prévoir une légère pente en direction du jardin, afin que l'eau de pluie s'écoule facilement.

Si vous réalisez vous-même les travaux de terrassement, procurez-vous les machines et les outils nécessaires auprès de loueurs spécialisés dans le bâtiment. Mais si vous n'avez pas une grande expérience dans ce domaine, mieux vaut confier ces travaux à une entreprise.

La plantation

Commencez à planter dès que les travaux de terrassement sont achevés, Prenez le temps de bien ameublir le terrain. S'il est très lourd, il est conseillé, soit de semer un engrais vert en été, soit de retourner grossièrement la terre et de laisser les mottes telles quelles pendant l'hiver. Le gel travaillera pour vous en les désagrégeant. Amendez le sol avec du terreau bien décomposé et des engrais. Les plantes sont ensuite étalées à leur place, comme indiqué sur le plan d'aménagement. Arrosez-les si elles sont trop sèches, puis installez les mottes dans des trous creusés avec une bêche. Remplissez les trous de terre, arrosez bien et répartissez du mulch dans les interstices. Les plantes en bacs peuvent être mises en place tout au long de l'année. Les bulbeuses à floraison printanière sont installées en automne, les fleurs d'été au printemps.

Plantation de vivaces : sortez la motte du pot avec précaution et raccourcissez les racines endommagées.

Petit guide pratique

Entretien des plantes

Couverture de mulch

Le mulch d'écorce, le compost et le gravier comptent parmi les paillis les mieux adaptés aux plates-bandes qui agrémentent un coin détente. Non seulement ils recouvrent proprement le sol, mais ils empêchent en outre le dessèchement trop rapide du substrat et la propagation des mauvaises herbes dans les espaces restés vides.

Arrosage

Les nouvelles plantations doivent être arrosées

Les tuyaux à microperforations sont d'une grande aide pour l'arrosage. Ils sont enterrés dans la plate-bande.

régulièrement. Il faut veiller à ce que la terre soit humide en surface, mais également jusqu'aux racines. En été, arrosez de préférence le matin ou en début de soirée.

Fertilisation

Certes, les engrais accélèrent la croissance. Mais cela ne signifie pas qu'il faille fertiliser sans discernement toutes les plantes d'une même plate-bande. Il convient au contraire de cibler les plantes à fertiliser et d'éviter de mettre de l'engrais sur les feuilles et les fleurs. De plus, un arrosage régulier est nécessaire les jours suivants. Les meilleurs sont les engrais de fond qui assurent aux plantes un dosage équilibré de nutriments. On peut ensuite se passer de fertiliser les mois suivants. Cessez les apports d'engrais dès le mois d'août, car sinon vous risquez de prolonger la croissance des plantes vivaces, et leurs jeunes pousses

Rabattez, fertilisez et arrosez les vivaces remontantes. Elles donneront une nouvelle floraison à la fin de l'été.

n'auraient pas le temps de mûrir avant l'hiver. Les plantes annuelles sont fertilisées au moment de la plantation et en été, pour faire durer la floraison.

Taille

La taille est l'un des travaux de jardinage les plus importants, car c'est à elle que les plantes doivent leur aspect parfaitement soigné. Éliminez les fleurs fanées, surtout chez les rosiers. Une exception toutefois : les espèces et les variétés que vous avez choisies pour leurs fruits décoratifs à l'automne. Chez certaines vivaces, une taille sélective après la floraison, permet de relancer la formation de nouveaux boutons. C'est le cas des alchémilles, des becs de grue, des pieds d'alouette, des cataires et de la sauge. Les feuilles en train de se flétrir des bulbeuses à floraison printanière doivent rester en place jusqu'à ce qu'elles aient jauni. Il est donc important

Les roses fanées sont supprimées au sécateur.

de les installer à des endroits où elles seront camouflées par des vivaces. Les arbustes à topiaire ou à haie doivent être taillés avant l'hiver. Leurs arêtes rectilignes offrent un spectacle pittoresque en hiver.

Plantes en bacs

Les pots et les bacs installés à l'extérieur doivent être percés d'un trou à la base. Placez un morceau de terre cuite dessus au moment de la plantation pour empêcher le substrat de s'écouler avec l'eau d'arrosage. Ajoutez ensuite une couche de 5 à 10 cm de gravier ou de billes d'argile et couvrez de terre avant d'installer la motte.
Si les plantes restent plusieurs années dans le même pot, rafraîchissez la couche supérieure du substrat et fertilisez au printemps.
Les plantes sont généralement rempotées dans de la terre fraîche tous les trois ans.

Le buis et les hostas sont enveloppés dans une toile de mousse spéciale. Des tapis en fibre de coco protègent les mottes du gel.

Choisissez un conteneur en harmonie avec la taille des plantes.

Hivernage

Les plantes en bacs non rustiques doivent être placées dans un endroit à l'abri du gel, mais frais, avant les premières gelées. Les agapanthes et les solanums supportent les endroits sombres. Protégez les ligneux et les vivaces fragiles avec une toile de mousse de polyuréthane.

Aménagement et décor

Le mobilier en teck propre et sec est badigeonné d'huile spéciale.

Choix du mobilier

Le choix du mobilier est l'ultime étape de l'aménagement d'un coin détente. Les chaises, bancs et autres sièges doivent rester confortables même quand on s'y installe pour un court moment. L'extrémité des pieds des chaises en métal doit être aplatie. Ainsi, vous pourrez les poser sur la pelouse sans qu'elles s'enfoncent à chaque fois que vous vous assiérez. Vérifiez également qu'il s'agit bien de mobilier d'extérieur, car vous ne vous servirez véritablement de votre coin détente que si la table et les chaises vous attendent dehors en permanence.

Style

Métal, bois tendre, bois dur, plastique, pierre ou rotin – les meubles de jardin se déclinent dans les matériaux les plus divers. Veillez cependant à ce qu'ils s'intègrent dans le style choisi et que leurs couleurs soient en harmonie avec les fleurs et les feuillages des plates-bandes.

Confort

Des coussins et des couvertures apporteront confort et chaleur à votre coin détente. Ayez toujours à proximité un coffre ou une corbeille contenant des accessoires doux et chauds pour le cas où le temps se rafraîchirait.

Entretien

Les meubles doivent tous subir une petite «révision» au printemps. Nettoyez-les à fond au tuyau d'arrosage et à la brosse, puis laissez-les sécher au soleil. Traitez les points de rouille, graissez les charnières. Si vous huilez votre teck, vous obtiendrez un beau brun chaud. Mais il faudra réitérer cette opération plusieurs fois pendant l'été. Sans traitement, il prendra une patine gris brun argenté appréciée des amateurs.

Coffre en bois : pratique pour le rangement et pour les fêtes, où il sert de siège ou de table d'appoint.

Certaines bougies, conçues pour résister au vent et à la pluie, créent une ambiance chaleureuse.

Protection solaire

Si votre coin détente est au soleil, prévoyez une protection. Les parasols sont d'un emploi relativement souple. Foncés, ils font davantage d'ombre que clairs. Les vélums sont parfaits pour les coins détente installés sur le gazon. À proximité d'un bâtiment, optez pour une marquise ou une pergola. Cette dernière peut être recouverte d'un vélum ou d'un tapis de bambous.

Éclairage

Si vous souhaitez profiter de votre coin détente en soirée, il est conseillé de prévoir un éclairage. Des balises électriques peuvent jalonner le chemin à travers le jardin jusqu'à votre petit coin retiré et l'éclairer indirectement. Méfiez-vous des éclairages artificiels directs. Leurs rayons agressifs peuvent vite devenir une gêne. De plus, ils attirent les insectes. Il est préférable d'installer quelques lampes tempête ou des torches de jardin. Attention, aux bougies dont la cire fond facilement au soleil.

Décoration

Les accessoires sont en harmonie avec le style choisi. Faites toutefois attention à ne pas surcharger ce petit coin confortable. L'œil doit pouvoir se concentrer sur les détails. En outre, essayez de profiter des périodes où il n'y a pas beaucoup de fleurs pour opérer une transition habile en choisissant des tissus et de la vaisselle aux motifs adaptés.

Ce vélum tendu entre des poteaux et la pelouse apporte une ombre agréable.

Index (Les nombres suivis d'un * renvoient aux illustrations).

Crédits photographiques

Intérieur :

Borstell : 1, 2, 6, 7, 11, 23, 31, 35, 39, 43, 47, 55, 56bg, 59b, 60b, 61h
Krohme : 58b
Pforr : 56bd
Pötschke : 60h
Redeleit : 27, 56h, 57h
Reinhard : 19, 590
Strauß : 15, 51, 57b, 58h
Unopiu : 61b

Photos de la jaquette :

1re de couverture : Garpa, 21039 Escheburg, www.garpa.de

Rabat 1
Borstell : hd,mg, bg
Pforr : hm
Reinhard : hg, mm, mb, bd

Rabat 2
Adams : mg
Borstell : hm, mm, md, bg, bm
Pforr : hd, bd
Seidl : hg

Rabat 3
Adams : hm, hd
Borstell : mg, mm, bg, bd
Redeleit : hg
Reinhard : md, bm

Rabat 4
Borstell : hg, hd, mg, mm, bm
Reinhard : bg, bd
Seidl : md
Stangl : hm

Rabat 5
Borstell : hm, hd, mm, bm, bd
Reinhard : md, bg
Seidl : hg, mg

Rabat 6
Adams : mg, bm
Borstell : hd, mm, md, bd, bg, bd
Reinhard : hg
Seidl : hm

Illustrations : Sylvia Bespaluk

Chez le même éditeur – collection *Jardin/Mode d'emploi*

Bauer U.	*Jardins de roses*	Simon H.	*Fleurs d'été*
Haas H.-P.	*Balconnières*	Stein S.	*Jardins potagers*
Leyhe U.	*Massifs de fleurs*	Urban H.	*Jardins de senteurs*
Möller K.	*Haies fleuries*	Waechter D.	*Jardins d'accueil*
Poschmann B.	*Plantes en pots*	Waechter D.	*Plantes d'ombre*

Traduction française de Véronique Cebal.

Dépôt légal : janvier 2005 – ISBN : 2 7114 1719 0 – ISSN 1767 1248
Mise en pages : Facompo – Lisieux.
Achevé d'imprimé en janvier 2005 par Bona – Italie.